恰同学少年，风华正茂

青少年时期的毛泽东

韩洪洪　罗　蔚 / 编著

奚文渊 / 绘

中国中福会出版社

勤快朴实的农村少年

在湖南的湘潭、宁乡、湘乡交界处，有一个群山环抱的地方，叫作韶山。

相传在四千年前，上古时代的舜帝在南下巡视的时候，曾在这个地方，让人演奏动听的"韶乐"，竟然引来美丽的凤凰翩翩起舞。于是，后人就把这座山叫作韶山。1893年12月26日，毛泽东就出生在这个拥有动人传说的小山村。

毛泽东的家庭在当地比较殷实，这是因为他的父亲毛顺生是一位精明的农民，善于经营稻谷和猪牛等农业生产。他的母亲文素勤和中国绝大多数母亲一样，一辈子都在默默地操持着家务，十分善良、慈祥。毛泽东还有两个弟弟，分别叫毛泽民、毛泽覃，一个继妹叫毛泽建。

6岁对现在大多数的儿童而言，还是一个可以尽情玩耍的年龄，但毛泽东从6岁起，就开始帮助家里干一些简单的家务和农活了，比如拔草、放牛、拾粪、砍柴等，后来认识一些汉字了，就帮助父亲记账。可以说，毛泽东在青少年时代，除了读书学习，更多的时间都用来和家里人一起干农活。

许多年后，毛泽东回忆起他的父亲说："他是一个严格的监工，看不得我闲着，如果没有账要记，就叫我去做农活。""他的严厉态度大概对我也有好处，这使我干活非常勤快，使我仔细记账，免得他有把柄来批评我。"

在父亲的监督下，毛泽东很小就彰显了山区农家子弟吃苦耐劳、勤快朴实、不怕困难的本色。和父亲相比，乐善好施的母亲对少年毛泽东的影响更大、更深一些，使他从小就养成了同情贫弱、乐于助人的品性。毛泽东曾告诉自己的同学：世界上有三种人，损人利己的，利己不损人的，可以损己以利人的，自己的母亲便属于第三种人。

> 舜帝
> 传说中的上古帝王。
>
> 监工
> 在厂矿、工地等做工现场监督工人们工作的人。

六年孔夫子

毛泽东的童年大部分时间是在外婆家度过的。在他9岁的时候，他的父亲把他接回韶山，送进私塾开始读书。从这时起，一直到毛泽东16岁，除中间曾停学两年在家务农之外，毛泽东先后在六处私塾，跟着邹春培、毛咏薰、周少希、毛宇居、毛简臣、毛麓钟等几位老师学习。毛泽东后来回忆时，把自己早年在乡间的读书生活称为"六年孔夫子"。

一开始读书时，毛泽东和其他同时代的孩童一样，要先读《三字经》《幼学琼林》等启蒙读物，然后是《论语》《孟子》《中庸》《大学》等儒家经典著作。韶山毛泽东同志纪念馆还保存着他小时候读过的《诗经》和《论语》。毛泽东虽然不大喜欢这些枯燥的"四书五经"，但是他的记忆力很强，很快就能熟读背诵，并且领会其中的道理。在学习这些的同时，他还练习珠算、书法，早晚还要帮家里做一些农活。

与这些儒家经典图书相比，少年时代的毛泽东更喜欢读中国古代传奇小说，特别是那些反抗统治阶级压迫和斗争的故事，比如《精忠传》《水浒传》《三国演义》《西游记》《隋唐演义》等，经常一读就读到深夜。毛泽东阅读这些"闲书""杂书"并不是看热闹，而是能够结合当时中国半殖民地半封建社会的现实思考一些问题。

有一天，他突然认识到这样一个问题，在这些小说里，没有塑造种田农民的形象，所有的人物都是些文官、武将、书生等，从来没有一个农民做主人公。起初他对这一点感到困惑不解，后来才认识到，小说中颂扬的主人公"是不必种田的，因为土地归他们所有和控制，显然让农民替他们种田"。他觉得这是不平等的，《水浒传》里的梁山好汉便成了他心目中的英雄。

毛泽东在十五六岁的时候，开始接触一些早期改良派、维新派人士的著作，比如，他从表兄文运昌那里借看过郑观应的《盛世危言》，这本书主张当时的中国应该设议院、兴学校、讲农学、造铁路，使上下同心、人尽其才、地尽其利、物畅其流。郑观应还认为中国之所以积贫积弱，是因为缺少西方的铁路、电话、电报、汽船等，提出了"主以中学、辅以西学"的学习西方的原则。这些思想打开了少年毛泽东的视野，使他萌发了爱国的思想，开始思考如何才能救中国。

孔夫子（前551—前479）
即孔子。春秋时期鲁国人。名丘，字仲尼。春秋末期思想家、政治家、教育家，儒家学派的创始者。

孩儿立志出乡关

1910年，正是辛亥革命的前夕，已经读了不少救亡图存书籍的毛泽东，为国家的前途深深感到担忧。他不再满足于就在韶山的私塾里读书，迫切希望走出闭塞的家乡，去认识和探求外面更加广阔的世界。父亲本是要送他去城里的米店当学徒的，但他渴求继续求学。在亲友的劝说下，父亲终于答应送他到湘乡县立东山高等小学堂继续读书。

在离家前，毛泽东改写了一首诗留在父亲每天必看的账本里，以表达自己一心向学和志在四方的决心。诗文是这样写的："孩儿立志出乡关，学不成名誓不还。埋骨何须桑梓地，人生无处不青山。"

与旧时私塾相比，东山小学是一所新式学堂，除教经书外，还教授一些自然科学和体育、音乐、英语等其他新学科。毛泽东在这所学校里，学习很认真，学问也很有长进。

学校每个星期天上午由老师出题目，学生各自作一篇文章。毛泽东每次都认真作文，成绩很好，他写的文章，老师们很喜欢。国文老师贺岚冈见毛泽东对历史很有兴趣，还特地买了一部《袁了凡纲鉴》送给他。

在这所学校里，毛泽东的视野更加广泛了，他读了不少关于康有为、梁启超变法的书报，有的甚至可以背诵出来。他还大量阅读中外历史、地理的书籍，不仅对中国古代政治家建功立业表示仰慕，而且对外国政治家、思想家也很感兴趣。

毛泽东从同学那里借到一本《世界英雄豪杰传》，读到拿破仑、叶卡捷琳娜女皇、彼得大帝、华盛顿、卢梭、孟德斯鸠和林肯等世界名人的事迹后，对同学说，中国也要有这样的人，我们应该讲究富国强兵之道,顾炎武说得好,天下兴亡,匹夫有责。

辛亥革命

1911年(辛亥年)爆发的中国资产阶级民主主义革命。虽未完成中国人民反帝反封建的民主革命的任务,但推翻了清朝的统治,为中国的进步打开了历史的闸门。

顾炎武(1613—1682)

江苏昆山人。初名绛,后改名炎武,字宁人,人称亭林先生。学问广博,在经史百家、音韵训诂和国家典制、天文仪象等方面都有研究,提倡"经世致用"的实际学问。著有《日知录》《顾亭林诗文集》等。

成为一名列兵

在中国历史上，1911年是极不平凡的一年。在孙中山的领导和影响下，这一年的10月，辛亥革命在神州大地爆发了，这是在比较完全的意义上开始的资产阶级的民主革命，不仅推翻了清王朝的统治，结束了在中国延续两千多年的君主专制制度，而且建立了共和政体，有力推动了中国的社会变革。

也正是在这一年的春天，18岁的毛泽东第一次来到省城长沙，考入湘乡驻省中学堂读书，他的眼界也顿时开阔了，感受到一种和家乡完全不同的社会氛围。在这里，毛泽东首次看到同盟会办的《民立报》，知道了黄兴在广州领导反清武装起义和黄花岗七十二烈士英勇就义的事迹，在思想上开始拥护孙中山等革命党人。为了表示与清王朝的彻底决裂，这一年的5月，他在学校倡议并带头剪掉了辫子。

10月10日，武昌起义爆发。消息传到长沙，城内形势十分紧张，湖南巡抚宣布戒严。一天，一位革命党人来到学校发表演说，号召建立民国。毛泽东听后十分兴奋，觉得正在进行的战斗需要更多人的投入，于是决心投笔从戎。月底，毛泽东参加了驻长沙的起义新军，如愿当了一名列兵。

在军营里，毛泽东除了认真进行军事训练外，他把每月的军饷大部分都用来订阅报纸和购买书籍，积极了解并研究时事和社会问题。他从一份叫作《湘汉新闻》的报纸上，第一次看到"社会主义"这个新名词，还读到了其他一些关于社会主义的小册子，开始对社会主义问题产生浓厚兴趣。

形势发展得很快。1912年1月，孙中山在南京就任临时大总统，宣告中华民国成立。2月，清帝溥仪宣布退位。3月，袁世凯窃取革命果实，在北京就任临时大总统。这时的毛泽东，和大多数人的认识一样,认为革命已经成功了。于是,他决定退出军队,选择继续读书。

孙中山（1866—1925）

广东香山(今中山)人。名文,字德明,号日新,改号逸仙,化名中山樵。中国近代伟大的民主革命家。遗著编有《孙中山选集》《孙中山全集》等。

溥仪（1906—1967）

全名爱新觉罗·溥仪,字浩然。清朝的末代皇帝,也是中国历史上最后一个皇帝。

站在世界地图前

毛泽东离开军队后，先后报考了警察学堂、肥皂制造学校、法政学堂、公立高级学校，但他都不是特别满意，最后以第一名的成绩考入湖南全省高等中学校（后改名省立第一中学）。在这所学校里，毛泽东写了一篇十分著名的作文，也是他的第一篇完整的文章，题目叫作《商鞅徙木立信论》。在这篇文章中，毛泽东提出国家要取信于民、开发民智，必须以法治国。全文仅400多字，而老师的批语就有150字，说他"才气过人，前途不可限量""练成一色文字，自是伟大之器，再加功候，吾不知其所至"。

但是，毛泽东在这所学校待的时间并不长，半年之后他就退学了，这是因为他感到学校刻板的校规和有限的课程，并不能使他满足。离开学校后，他寄居在湘乡会馆里，每天步行到湖南省立图书馆自学。

这个图书馆的墙上挂着一张世界地图，这张地图对刚刚走出故乡才一年多的毛泽东而言，是极其新奇并富有思想冲击力的。站在这张地图前，毛泽东第一次知道世界原来是那么大，中国只是其中的一小部分，湘潭县在地图上根本看不见。从书本中去认识这个世界，成为他自学的重要目的。

毛泽东给自己制订了一个庞大的自修计划。他像牛进菜园一样，不停歇地埋头读了大量中外书籍。他兴趣最大、收获最多的是西方十八、十九世纪资产阶级民主主义和近代科学的著作。其中，严复翻译的一批名著，给他的印象很深，比如亚当·斯密的《原富》、孟德斯鸠的《法意》、卢梭的《民约论》、赫胥黎的《天演论》、斯宾塞的《群学肄言》，涉及哲学、政治、法律、经济、社会学各个方面。他还读了一些俄、美、英、法等国的历史、地理书籍，以及古希腊罗马的文学作品。1936年，毛泽东同斯诺曾谈到这半年的自学，他说是"极有价值的半年"，相当集中地接受了一次较为系统的西方近代思想文化的启蒙教育。

商鞅（约前390—前338）

战国时期卫国人。公孙氏，名鞅，也叫卫鞅。政治家。曾两次进行变法，奠定了秦国富强的基础。

严复（1854—1921）

福建侯官（今福州）人。初名传初，曾改名宗光，字又陵，又字幾道。翻译《天演论》《原富》《群学肄言》等，首次提出"信、达、雅"的翻译标准。著有《瘉壄堂诗集》《严幾道诗文钞》等。

斯诺（1905—1972）

全名埃德加·帕克斯·斯诺。美国记者、作家。1936年访问陕北根据地，次年写成《西行漫记》（原名《红星照耀中国》）一书，报道中国共产党领导下的中国革命斗争和工农红军长征。

读书的目的是什么

在自学半年之后，毛泽东不得不终止这种"极有价值"的读书方式，又回到学校继续读书，因为他的父亲不支持他这种似乎是漫无目的的读书，拒绝继续供给费用。

1913年春天，毛泽东考入湖南省立第四师范学校，师范不收学费、膳宿费也很低、毕业后还可以去当老师，这让毛泽东有些心动。第二年，第四师范合并到湖南省立第一师范。第一师范是湖南的一所名校，其前身是南宋著名理学家张栻讲学的城南书院，1903年创建时叫作湖南师范馆。校章规定的教育方针"除照部定教育宗旨外，特采最新民本主义"，即"道德实践""身体活动""社会生活"，"各种教授应提倡自动主义"，强调人格和学识的全面培养。除了教育理念先进，学校有很强的师资力量，杨昌济、徐特立、方维夏、王季范、黎锦熙等一批学识渊博、思想进步、品德高尚的教师都曾任教于此。

在这样的学校学习，毛泽东的心情是愉快的，他很快结识了一批志同道合的好朋友，并开始更加勤奋地学习、思考。他十分注重自学，根据自己制定的计划，读书不倦，有的时候一个晚上都不睡觉。

在一师读书时，同学们给毛泽东起了一个外号叫"毛奇"。关于这个外号的来历，一说是源于他崇拜德国名将毛奇，一说是他和同学们谈论"立志"，常称"读书要为天下奇"，即"读奇书，交奇友，创奇事，做奇男子"。

那么，读书是为了什么呢？在毛泽东看来，首先应该是"修学储能"。对修学到底应该储什么"能"，读书到底应该立什么"志"，他进行了深刻的反思。他认为，当时许多人读书立志，说是将来要当军事家、教育家等，是出于对成功前辈的羡慕，模仿别人，不是真正的志向。1917年8月23日，毛泽东给他的老师黎锦熙写了一封长信，信中说道，只有根据"宇宙之真理"来"定吾人心"，才算是真有志向。

杨昌济（1871—1920）

湖南长沙人。字华生，又名怀中。中国教育家。1918年起任北京大学教授，参与发起组织北大哲学研究会。提倡以道德教育为中心的德智体全面发展的教育。著有《达化斋日记》《论语类钞》，并译有《西洋伦理学史》。

徐特立（1877—1968）

湖南长沙人。原名懋恂，字师陶，又名立华。中国无产阶级革命家、教育家。曾创办平民夜校、长沙师范学校、长沙女子师范等校。一生从事教育事业，坚持因材施教原则。著作辑为《徐特立教育文集》。

黎锦熙（1890—1978）

湖南湘潭人。字劭西。汉语言文字学家。一生从事语言学的研究和教学工作，著有《新著国语文法》《比较文法》等，主编《国语词典》。

印象最深的一位老师

在学生时期，毛泽东十分敬重杨昌济老师。

杨昌济是一位贯通古今、融合中西、思想开放的学者，早年曾留学日本、英国，专门研究哲学、伦理学、教育学。

回国后，杨昌济不愿意当官，决心献身教育事业，培育人才。他在第一师范主要教授教育学、伦理学，他要求学生"高尚其理想"，鼓励他们要"奋斗""有朝气""有独立心"，能"立定脚跟"，而办事又要"精细"，因为"小不谨，大事败矣"。

杨昌济十分看重毛泽东，视其为不可多得的人才。

他曾在日记中描述毛泽东，认为他有比同龄人丰富的人生经历：出身于务农的家庭，还当过兵，资质俊秀，非常难得。杨昌济十分爱才，为了勉励毛泽东，还曾经"引曾涤生、梁任公之例以勉之"。

毛泽东从杨昌济这里得到的最大收获,是初步定型了思想和理想。

他在听了杨昌济授课后,曾写下感言,表明在杨昌济的影响下,开始懂得了"高尚理想"对于人生的重要意义,赞同这种壮士断腕、以大局为重的精神,欣赏那种"先天下之忧而忧、后天下之乐而乐"的人生境界。

1936年毛泽东与斯诺谈话时,曾回忆:

"给我印象最深的老师是杨昌济,他是一位从英国回来的留学生,我后来同他的生活有密切的联系。他讲授伦理学,是一个唯心主义者,但是,他是一个道德高尚的人。他对自己的伦理学有强烈信仰,努力鼓励学生立志做一个公平正直、品德高尚和有益于社会的人。"

曾涤生（1811—1872）

即曾国藩。湖南湘乡人。原名子城，字伯涵，号涤生。清末洋务派和湘军首领。有《曾文正公全集》，今辑有《曾国藩全集》。

梁任公（1873—1929）

即梁启超。广东新会（今江门市新会区）人。字卓如，号任公，又号饮冰室主人。中国近代维新派领袖，学者。与其师康有为倡导变法维新，并称"康梁"。其著作编为《饮冰室合集》。

不动笔墨不读书

在第一师范，毛泽东读书是下苦功夫的，他的方法就是"不动笔墨不读书"。这个方法是他从徐特立老师那里学来的，所谓"最浅的墨水也胜过最好的记忆"，读书不能只是眼到，还要手到、心到，对书中知识进行思考、消化，把心得体会写下来，包括对书中同意或者不同意的地方。

当时，杨昌济老师给同学们讲授伦理学，用的是19世纪德国康德学派哲学家泡尔生写的《伦理学原理》，全书约10万字。毛泽东仔细研读这本书，用红黑两色画了大量的圈点、单杠、双杠、三角、叉叉等符号，在书页上写下了1.2万多字的读书批注。他在原著中比较合乎辩证、唯物观点的地方，密加圈点，他作的眉批则往往有"切论""此语甚精""此语甚切""此语与吾大不然""此不然""此节不甚当""此处又使余怀疑""吾意不应立此说""此说终觉不完美"等。这本写满批注的书曾一度被同学杨韶华借去，直到1950年9月，辗转回到毛泽东手中，毛泽东感慨道："我当时喜欢读这本书，有什么意见和感想就随时写在书上，现在看来，这些话有好些不正确了。"

　　毛泽东的读书笔记一般分为三类，一类是课堂随记，一类是文章摘录，还有就是课后自学的笔记。读书笔记做得尤为精细，包括了自己的见解，例如"此语不详""此说终觉不完满""此节不当"等。有的批注长达800字，还有一些标记着"一读""二读"的字样，这都充分表明毛泽东读书治学的严谨态度。毛泽东在当时有许多个笔记本，集了有好几网篮，后来送回韶山存放。1929年，因为湖南的军阀要来抄家，毛泽东的族人就把这些笔记本和其他书籍报刊一起烧掉了，幸亏一位塾师从火中抢出两册教科书和一个笔记本。这个笔记本叫《讲堂录》，是毛泽东1913年10月至12月的听课笔记，主要记录的是修身和国文两门课的内容，笔记前面有毛泽东手抄的屈原《离骚》《九歌》，在《离骚》正文的上方，还写有他对各章节内容的理解与概括。

毛泽东从青少年时期养成的读书做笔记的好习惯一直坚持了几十年，在现存的其阅读的大量书籍中，我们还能看到毛泽东读书时留下的斑驳笔迹。

文明其精神，野蛮其体魄

青少年时期的毛泽东，很热爱体育运动。说来也巧，他发表的第一篇文章，是1917年刊载在《新青年》杂志上、题为《体育之研究》的体育论文。在这篇文章中，毛泽东提出一个口号："欲文明其精神，先自野蛮其体魄。"因为体育锻炼有强筋骨、增知识、调感情、强意志等许多好处，而"意志也者，固人生事业之先驱也"。

在现实生活中，毛泽东参加的锻炼项目很多，主要有冷水浴、日光浴、风浴、雨浴、远足、爬山、露宿和游泳。冷水浴，是受杨昌济老师的影响，终年坚持用冷水擦身；日光浴是游泳以后，光着身子躺在沙滩上，让太阳曝晒；风浴就是任凭狂风大作，立于其中；雨浴，就是下雨时脱了衣服跑到雨中去淋。在这些运动中，毛泽东最喜欢的还是游泳。他在学校组织了一个有近百人参加的游泳队，经常和同学们到湘江里畅游一番。毛泽东后来回忆说:"那时初学,盛夏水涨,几死者数。一群人终于坚持,直到隆冬,犹在江中。当时有一篇诗,都忘记了,只记得两句,自信人生二百年,会当水击三千里。"

毛泽东还利用假期和朋友一起远足。1917年暑假,毛泽东和他的同学萧子升结伴,徒步在湖南省内旅行。他们身上没带一分钱,从长沙出发,游历了长沙、宁乡、安化、益阳、沅江,后因受洪水阻隔,才返回长沙,历时33天,行程近500公里。他们主要用游学的方法或撰写对联送人的方式解决食宿问题,所到之处,常常受到当地农民的欢迎和款待。每到一个县,他们都要徒步绕城墙走一圈。为了纪念这次旅行胜利,毛泽东和萧子升回到长沙后,特意拍了一张照片。照片上,两个人都是短短的头发、短裤、草鞋,一身破衣烂衫,右肩扛着雨伞,背上背着包裹。毛泽东说，这种活动，既可以培养身体适应自然环境的能力，又可以了解沿途的风土人情。这样的远足，毛泽东后来还进行过几次。1918年春天，他和蔡和森沿洞庭湖南岸和东岸，经湘阴、岳阳、平江、浏阳几县，游历了半个多月。1936年，毛泽东在陕北窑洞里对斯诺谈起这段经历时还津津乐道，兴奋之情溢于言表。

湘江

湖南省最大河流，经衡阳、衡山、株洲、湘潭、长沙等市县，至湘阴县入洞庭湖。

蔡和森（1895—1931）

湖南湘乡人。字润寰，号泽膺。中国无产阶级革命家，中国共产党的早期领导人。1918年同毛泽东组织新民学会。五四运动后，率全家赴法国勤工俭学。著有《社会进化史》等，今辑有《蔡和森文集》。

恰同学少年，风华正茂

在第一师范，毛泽东不仅得到老师们的青睐，而且还深受同学们的拥戴。

1917年6月，学校开展了一次人物互选活动，包括德、智、体三个方面近20个项目。全校有400多名学生参加，当选者34人，其中毛泽东得票最多，他是全校德智体全面发展的佼佼者。

随着交往的不断加深，毛泽东的周围团结和聚集起一大群志同道合的同学和朋友。他们大多来自普通的家庭，都有一种"奋斗的和向上的人生观"。

他们在一起，交流人生思想、关心人民疾苦、讨论国家命运，正如毛泽东后来追忆的那样："恰同学少年，风华正茂；书生意气，挥斥方遒。指点江山，激扬文字，粪土当年万户侯。"

当时，中华民国虽已成立，但是中国社会的基本矛盾并没有解决，国内各派军阀互相混战，内战持续不断，全国人民陷于水深火热之中。

毛泽东和同学们不满旧中国社会的黑暗，继续寻找救国救民的道路。

1917年，俄国十月革命爆发，给中国送来了马克思列宁主义。从纷然杂陈的各种观点和路径中，经过反复比较和鉴别，毛泽东毅然选择了马克思列宁主义，选择了为实现共产主义而奋斗的崇高理想。

1917年冬天，毛泽东和蔡和森、萧子升等同学商量，决心成立一个团体，"集合同志，创造新环境，为共同的活动"。

1918年4月14日，新民学会在岳麓山脚下的蔡和森家里正式成立。

新民学会初以"革新学术，砥砺品行，改良人心风俗"为宗旨，后确定以"改造中国和世界"为宗旨。

新民学会要求会员生活严肃，思想进步，有为国家民族做事业的远大志向。定期举行会议，讨论学术问题、思想问题和当前形势，探讨中国革命的道路和方法。同时注重检查会员的工作和学习情况，互相展开批评。

新民学会会员由最初的二十多人发展到七八十人。

这些会员是毛泽东、蔡和森等追求新思想和新生活的进步青年。

他们不辞劳苦、不怕牺牲，先天下之忧而忧，后天下之乐而乐，领导和开展了一系列卓有成效的民主革命实践活动：组织赴法勤工俭学运动、领导湖南五四运动、成功驱逐军阀张敬尧、参加湖南自治运动、创办《湘江评论》和文化书社，极大地推动了中国民主革命的发展进程。

这一年的6月，25岁的毛泽东从第一师范毕业了，结束了自己的学生时代。后来，毛泽东深情地回忆道："我在这里——湖南省立第一师范度过的生活中发生了很多事情，我的政治思想在这个时期开始形成。我也是在这里获得社会行动的初步经验的。"

在此后的革命生涯中，不管是"倒海翻江卷巨澜"，还是"雄关漫道真如铁"，毛泽东始终都矢志不移、执着追求，为中国新民主主义革命的胜利、社会主义革命的成功、社会主义建设的全面展开，为实现中华民族独立和振兴、中国人民解放和幸福，作出了彪炳史册的贡献。

岳麓山

岳麓山位于湖南省长沙市岳麓区，是南岳衡山七十二峰的最后一峰。新民学会成立会旧址暨蔡和森故居，就坐落于岳麓山山脚。

赴法勤工俭学运动

1919年初到1920年底，近2000名中国进步青年远赴法国，"勤于做工、俭以求学"，参加赴法勤工俭学运动的有周恩来、邓小平、蔡和森、钱三强、严济慈、童第周、徐悲鸿、林风眠等，对中国的社会革命与发展产生了重大深远的影响。

雄关漫道真如铁

出自毛泽东名作《忆秦娥·娄山关》，原文是："西风烈，长空雁叫霜晨月。霜晨月，马蹄声碎，喇叭声咽。雄关漫道真如铁，而今迈步从头越。从头越，苍山如海，残阳如血。"描绘了红军处境艰难，但英勇顽强、不怕牺牲的境况，同时也感怀牺牲的烈士们洒下的热血。

青少年时期毛泽东 大事年表

1893 年

12 月 26 日，诞生在湖南省湘潭县韶山冲一个农民家庭。

1902 年—1909 年

先后在家乡韶山六所私塾读书，接受中国传统的启蒙教育。

1910 年

秋，考入湖南湘乡县立东山高等小学堂读书。其间，受康有为、梁启超改良主义思想的影响。

1911 年

春，到长沙，考入湘乡驻省中学读书。其间，读到同盟会办的《民立报》，受其影响，撰文表示拥护孙中山及同盟会的纲领。

10 月，响应辛亥革命，投笔从戎，在湖南新军当列兵。半年后退出。

1913 年

春，入湖南省立第四师范学校预科读书。

1914 年

秋，编入湖南省立第一师范学校本科第八班。在校期间，受杨昌济等进步教师的影响，成为《新青年》杂志的热心读者。

1918 年

4 月 14 日，同萧子升、何叔衡、蔡和森等发起成立新民学会。

6 月，在湖南省立第一师范学校毕业。

图书在版编目(CIP)数据

恰同学少年，风华正茂：青少年时期的毛泽东 / 韩洪洪，罗蔚编著；奚文渊绘. -- 上海：中国中福会出版社，2023.8
ISBN 978-7-5072-3592-0

Ⅰ. ①恰… Ⅱ. ①韩… ②罗… ③奚… Ⅲ. ①毛泽东（1893-1976）—生平事迹 Ⅳ. ①A752

中国国家版本馆CIP数据核字(2023)第179628号

恰同学少年，风华正茂
青 少 年 时 期 的 毛 泽 东

韩洪洪　罗　蔚 / 编著
奚文渊 / 绘

出 版 人	屈笃仕
责任编辑	凌春蓉　唐思敏
装帧设计	钦吟之
责任校对	胡佳瑜　倪卓逸
责任印制	陈　浩

出版发行	中国中福会出版社
社　　址	上海市常熟路157号
邮政编码	200031
电　　话	021-64373790
传　　真	021-64373790

经　　销	全国新华书店
印　　制	上海晨熙印刷有限公司
开　　本	787mm×1092mm　1/12
字　　数	20千字
印　　张	4.33
版　　次	2023年10月第1版
印　　次	2023年10月第1次印刷
书　　号	ISBN 978-7-5072-3592-0/A·1
定　　价	48.00元